GW00456800